BEI GRIN MACHT SICH IHR
WISSEN BEZAHLT

Bibliografische Information der Deutschen Nationalbibliothek:

Die Deutsche Bibliothek verzeichnet diese Publikation in der Deutschen National-
bibliografie; detaillierte bibliografische Daten sind im Internet über http://dnb.d-
nb.de/ abrufbar.

Impressum:

Copyright © 2018 GRIN Verlag
Druck und Bindung: Books on Demand GmbH, Norderstedt Germany
ISBN: 9783668873933

Dieses Buch bei GRIN:

https://www.grin.com/document/450211

Anonym

Die Reform des UN-Sicherheitsrats. Deutschlands Potenzial für einen ständigen Sitz im UN-Sicherheitsrat

GRIN Verlag

GRIN - Your knowledge has value

Der GRIN Verlag publiziert seit 1998 wissenschaftliche Arbeiten von Studenten, Hochschullehrern und anderen Akademikern als eBook und gedrucktes Buch. Die Verlagswebsite www.grin.com ist die ideale Plattform zur Veröffentlichung von Hausarbeiten, Abschlussarbeiten, wissenschaftlichen Aufsätzen, Dissertationen und Fachbüchern.

Besuchen Sie uns im Internet:

http://www.grin.com/

http://www.facebook.com/grincom

http://www.twitter.com/grin_com

DIE REFORM DES UN-SICHERHEITSRATS

DEUTSCHLANDS POTENZIAL FÜR EINEN STÄNDIGEN SITZ IM UN-SICHERHEITSRAT

Inhaltsverzeichnis

Literaturverzeichnis

ANDREAE LISETTE, Reform in der Warteschleife, Ein deutscher Sitz im UN-Sicherheitsrat?, München 2002.

DEUTSCHE GESELLSCHAFT FÜR DIE VEREINTEN NATIONEN (DGVN), Zeitschrift für die Vereinten Nationen und ihre Sonderorganisationen, Baden-Baden 2001.

FLECK DIETER, UN-Friedenstruppen, Überlegungen zu einer Beteiligung der Bundesrepublik Deutschland, in: Vereinte Nationen, Bonn 1974.

HÜFNER KLAUS, Die Vereinten Nationen und ihre Sonderorganisationen, Finanzierung des Systems der Vereinten Nationen, Bonn 1997.

KAISER KARL, Die ständige Mitgliedschaft im Sicherheitsrat, in: Europa-Archiv, Nr. 19, Bonn 1993.

KINKEL KLAUS, Deutschlands Rolle in der UNO, in: Aus Politik und Zeitgeschichte, Frankfurt am Main 1995.

KOSZINOWSKI THOMAS / MATTES HANSPETER, Nahost-Jahrbuch 1988, Politik, Wirtschaft und Gesellschaft in Nordafrika und dem Nahen und Mittleren Osten, Opladen 1988.

LAUTENSCHLAGER HANS-WERNER, Deutsche UN-Politik von 1984–1987, in: Deutsche Gesellschaft für die Vereinten Nationen, Bonn 1991.

LÜDER ROLF SASCHA, Völkerrechtliche Verantwortlichkeit bei Teilnahmen an 'Peace-keeping'-Missionen der Vereinten Nationen, Berlin 2010.

MAULL HANNS, Großmacht Deutschland? Anmerkungen und Thesen, in: Die Zukunft der deutschen Außenpolitik, Bonn 1993.

PETERS ANNE, Völkerrecht, Allgemeiner Teil, 4. Aufl., Zürich 2016.

SCHAEFER MICHAEL, Brückenbau, Herausforderungen an die Menschenrechtskommission, in: Menschenrechtsschutz in der Praxis der Vereinten Nationen, Baden-Baden 1998.

SCHMIDT RUDOLF / WASUM-RAINER SUSANNE, Nicht nur Geld und gute Worte, Der deutsche Beitrag zu den friedenserhaltenden Maßnahmen der Vereinten Nationen, Bonn 1992.

SCHUBERT ULF-MANUEL, Ein ständiger Sitz im Sicherheitsrat - Perspektiven für die deutsche Außenpolitik, München 2000.

STURM DANIEL FRIEDRICH, Deutschland strebt in den UN-Sicherheitsrat, <https://www.welt.de/politik/deutschland/article174928021/Aussenminister-Maas-in-New-York-Deutschland-strebt-in-den-UN-Sicherheitsrat.html>, abgerufen am: 27.05.2018.

TOMUSCHAT CHRISTIAN, Die Herrschaft des Rechts, Deutsche Außenpolitik im Dienste der Menschenrechte und des Völkerrechts, Stuttgart 1987.

VOGLER HELMUT, Lexikon der Vereinten Nationen, München 2000.

WECHMAR RÜDIGER VON, Deutsche UN-Politik in den siebziger und achtziger Jahren, in: Deutsche Gesellschaft für die Vereinten Nationen, Bonn 1991.

Abkürzungsverzeichnis

Abs.	Absatz
Art.	Artikel
BRD	Bundesrepublik Deutschland
DDR	Deutsche Demokratische Republik
DGAP	Deutsche Gesellschaft für Auswärtige Politik
GG	Grundgesetz für die Bundesrepublik
i.S.v.	Im Sinne von
Lit.	Litera
MRK	Menschenrechtskommission
UN	United Nations
UN-Charta	Charta der Vereinten Nationen (UN-Charta) abgeschlossen in San Francisco am 26. Juni 1945, in Kraft getreten für die Schweiz am 10. September 2002 (SR 0.120)
UNAMIC	United Nations Advance Mission in Cambodia
UNEF	United Nations Emergency Force
UNFICYP	United Nations Peacekeeping Force in Cyprus
UNHCHR	Hochkommissars für Menschenrechte
UNIFIL	United Nations Interim Force in Lebanon
UNOSOM	United Nations Operation in Somalia
UNTAC	UN Transitional Authority in Cambodia
Vgl.	Vergleiche
Ziff.	Ziffer

1 Einleitung

«Es ist [...] im deutschen Interesse, einen vollwertigen Sitz in der UN zu bekommen. Es ist nicht im deutschen Interesse, einen zweitklassigen Sitz im Sicherheitsrat zu haben». *Angela Merkel (2004)*

Mit diesen Worten entgegnete die damalige Oppositionsführerin Angela Merkel der Ansicht des früheren Bundeskanzlers Gerhard Schröders, der bei einer Reform des UN-Sicherheitsrats, das Vetorecht lediglich als Ausgangsposition für Verhandlungen ansah. In jener Zeit gehörte die Bundesrepublik bereits zum dritten Mal als nichtständiges Mitglied dem UN-Sicherheitsrat an. Gegenwärtig kandidiert Deutschland für die Wahlperiode 2019/2020 für einen der zehn Sitze als nichtständiges Mitglied im Sicherheitsrat, wobei fünf davon jedes Jahr neu gewählt werden.[1] In diesem Kontext stellt sich durchaus die Frage, hätte Deutschland das Potenzial für einen ständigen Sitz im UN-Sicherheitsrat? Darüber hinaus welchen Beitrag könnte Deutschland als ständiges Mitglied zu den primären Zielen des UN-Sicherheitsrats, nämlich der Wahrung des Weltfriedens und der internationalen Sicherheit i.S.v. Art. 24 Abs. 1 UN-Charta, leisten? Mit dieser zentralen Fragestellung nach dem Potenzial Deutschlands als ständiges Mitglied im UN-Sicherheitsrat befasst sich die nachfolgende Arbeit.

Um diese Frage zu beantworten wird vorrangig die Zusammensetzung des UN-Sicherheitsrats in Kapitel zwei erörtert. Im darauffolgenden Kapitel wird das Potenzial Deutschlands analysiert, wobei thematisch explizit auf die Bereiche Friedenssicherung, Menschenrechte und Friedensoperationen eingegangen wird. Die letztgenannten Bereiche folgen in Teilen der Argumentationsstruktur vom Forschungsinstitut der DGAP. Im Anschluss dessen folgt das Fazit mit persönlichem Statement.

---

[1] STURM, Abschn. 5.

2 Zusammensetzung des Sicherheitsrats

Als eines der Hauptorgane der Vereinten Nationen setzt sich der UN-Sicherheitsrat gemäss Art. 23 Abs. 1 der UN-Charta aus fünf ständigen sowie zehn nichtständigen Mitgliedstaaten zusammen. Zu den fünf ständigen Mitgliedern, den sogenannten «P5», zählen die Volksrepublik China, Frankreich, Russland, Grossbritannien und die Vereinigten Staaten von Amerika.[2] Die zehn nichtständigen Mitgliedsstaaten werden unter Berücksichtig einer «angemessenen geographischen Verteilung» von der Generalversammlung, für jeweils zwei Jahre gewählt.[3] Gemäss dieser geographischen Repräsentanz sieht die Sitzverteilung wie folgt aus: drei Sitze für die afrikanischen Staaten, jeweils zwei Sitze für Staaten aus dem asiatischen und dem lateinamerikanischen Raum, ein Sitz für die osteuropäischen Staaten und zwei Sitze für die westeuropäischen und andere Staaten.[4] Zur geographischen Repräsentanz der nichtständigen Mitglieder des UN-Sicherheitsrats berücksichtigt die UN-Charta in Art. 23 Abs. 1 ausserdem «in ersten Linie [den] Beitrag von Mitgliedern der Vereinten Nationen zur Wahrung des Weltfriedens und der internationalen Sicherheit».

Um die Bundesrepublik Deutschland als ständiges Mitglied im UN-Sicherheitsrat aufzunehmen, bedürfte es demzufolge einer unumgänglichen Änderung der UN-Charta. Diese Modifikation müsste gemäss Art. 108 der UN-Charta von einer «Zweidrittelmehrheit der Mitglieder der Generalversammlung» sowie von «zwei Dritteln der Mitglieder der Vereinten Nationen einschliesslich aller ständigen Mitglieder des Sicherheitsrats» angenommen werden.

---

[2] PETERS, S. 338.
[3] Art. 23 Abs. 2 UN-Charta.
[4] Resolution der UN-Generalversammlung, A/RES/1991 (XVIII) vom 17.12.1963

3   Deutschlands Potenzial

Bei einer grossen Mehrheit der UN-Mitgliedstaaten besteht heute Einigkeit darüber, dass der UN-Sicherheitsrat in seiner gegenwärtigen Konstellation die weltpolitischen Realitäten nicht mehr wiederspiegelt. Bei der Gründung der Vereinten Nationen (1945) nahmen die Siegermächte des Zweiten Weltkriegs, die Sowjetunion, Grossbritannien und die USA, sowie Frankreich und die Volksrepublik China, durch ihre Stellung als ständige Mitglieder im UN-Sicherheitsrat, eine führende Rolle in der neuen Weltordnung ein.

Seitdem hat sich die weltpolitische Ordnung grundlegend verändert und insbesondere Deutschland kommt innerhalb dieser veränderten Ordnung eine gewichtige Rolle zu. Als demokratische Industrienation verfügt Deutschland über langjährige Erfahrungen im Bereich der Diplomatie. Ebenso verfügt es über eine an demokratischen Grundsätzen orientierte Armee und eine der grössten Volkswirtschaften der Welt.[5] Als drittgrösster Beitragszahler der Vereinten Nationen, übersteigen die Ausgaben der Bundesrepublik die Beiträge von vier der fünf ständigen Mitglieder im UN-Sicherheitsrat.[6]

Da der UN-Sicherheitsrat seine Aufgaben nur dann effektiv wahrnehmen kann, wenn genügend finanzielle Ressourcen zur Verfügung gestellt werden, sollten Staaten wie der Bundesrepublik Deutschland angemessenere Gestaltungsmöglichkeiten, bei der Umsetzung und Entscheidungsfindung im UN-Sicherheitsrat, zukommen.[7]

---

[5] SCHUBERT, S. 4.
[6] VOGLER, S. 226.
[7] Vgl. KAISER, S. 545.

3.1   Friedenssicherung

Grundlegend kann ein Staat seinen Beitrag zur internationalen Friedenssicherung auf zwei Arten einbringen. Erstens durch die Erarbeitung von Resolutionen im UN-Sicherheitsrat auf politischer Ebene und zweitens durch die Bereitstellung von personellen und finanziellen Ressourcen zur Durchsetzung von Resolutionen auf technischer Ebene. Für einen Staat, der nichtständiges Mitglied im UN-Sicherheitsrat ist, beschränkt sich demnach die Möglichkeit der umfassenden Beteiligung auf politischer Ebene. Die Bundesrepublik Deutschland verkündigte offiziell im Jahr 1993 ihre Bereitschaft zur Übernahme eines ständigen Sitzes im UN-Sicherheitsrat, nachdem sie zu diesem Zeitpunkt bereits zwei Mal 1977/1978 und 1987/1988 als nichtständiges Mitglied dem UN-Sicherheitsrat angehörte.[8]

Insbesondere während der ersten Mitgliedschaft im UN-Sicherheitsart in den Jahren 1977/1978 nahm die Bundesrepublik Deutschland, im damaligen Namibia-Konflikt, eine besondere Stellung ein. Gerade in dieser komplexen Frage zeigte sich, dass die deutsche Diplomatie ein überaus hilfreiches und von allen Mitgliedern respektiertes Instrument der Konfliktbewältigung war, wodurch der Bundesrepublik in diesem Konflikt eine entscheidende Vermittlerrolle zukam.[9]

Ohne ein vorausgegangenes Mandat des UN-Sicherheitsrats gründete der damalige deutsche UN-Botschafter Rüdiger von Wechmar die «Namibia-Kontakt-Gruppe», bestehend aus drei ständigen Mitgliedern des UN-Sicherheitsrats sowie der Bundesrepublik Deutschland und Kanada. Gemeinsam mit den Konfliktparteien erarbeiteten sie nach unzähligen Gesprächen und Vermittlungsbemühungen einen einstimmigen Resolutionsentwurf,

---

[8] ANDREAE, S. 52.
[9] Vgl. WECHMAR, S. 42.

4

welcher darauffolgend vom UN-Sicherheitsrat angenommen wurde.[10]

Entscheidend in dieser Angelegenheit war für die Bundesrepublik,
dass sie als nichtständiges Mitglied des UN-Sicherheitsrats damit
ihre Vermittlungsfähigkeit und Vermittlungsbereitschaft verdeutli-
chen konnte. Durch die Namibia-Initiative erweiterte die deutsche
Delegation, welche ständig im intensiven Dialog mit einer Vielzahl
von afrikanischen Staaten stand, ebenso ihren globalen politi-
schen Einfluss. Insbesondere auch nach Ausscheiden aus dem
UN-Sicherheitsart, blieb die Bundesrepublik ein wesentlicher Ver-
handlungspartner innerhalb der Namibia-Kontakt-Gruppe.[11]

Die zweite nichtständige Mitgliedschaft im UN-Sicherheitsrat in
den Jahren 1987/1988, verdeutlichte erneut die Bereitschaft der
Bundesrepublik zur Friedenssicherung. Vordergründig standen
ihre Bemühungen um die Beendigung des Iran-Irak-Konflikts.[12]
Massgeblich haben ihre Initiativen dazu beigetragen, dass der bereits erarbeitete Resolutionsentwurf so modifiziert werden konnte,
dass die verabschiedete Resolution 598 für den Irak sowie für den
Iran annehmbar wurde.[13] Besonders das neutrale Verhalten der
Bundesrepublik und ihre bilateralen Beziehungen zu beiden Konfliktparteien bekräftigte die deutsche Vermittlungsdiplomatie im
internationalen Umfeld.[14]

Dieser Erfolg der deutschen Vermittlungsdiplomatie zeigt, dass die
Bundesrepublik nicht nur eigene, zur Konfliktbewältigung beitra-
gende Initiativen leisten will und kann, sondern dass sie sich auch
durch solide Aussenpolitik im globalen Umfeld behaupten kann.[15]

---

[10] Vgl. WECHMAR, S. 40–43.
[11] Vgl. WECHMAR, S. 117.
[12] Vgl. LAUTENSCHLAGER, S. 56.
[13] Vgl. KOSZINOWSKI & MATTES, S. 16.
[14] Vgl. KOSZINOWSKI & MATTES, S. 17.
[15] ANDREAE, S. 55.

3.2 Schutz der Menschenrechte

Der Schutz der Menschenrechte nimmt heute in sämtlichen Bereichen der deutschen Politik einen herausragenden Stellenwert ein. Das Bekenntnis zum Schutz der Menschenrechte fand erstmalig im Jahre 1949 seinen Niederschlag im Grundgesetz. Unübersehbar bleibt, dass die Allgemeine Erklärung der Menschenrechte von 1948 einen bedeutenden Einfluss, auf die Ausarbeitung der Grundrechtsartikel des Grundgesetzes, hatte.[16]

Analog zur Präambel der UN-Charta wird in Art. 1 Abs. 1 GG die «Würde des Menschen» in den Vordergrund gestellt und in Art. 1 Abs. 2 GG werden die Menschenrechte als «Grundlage jeder menschlichen Gemeinschaft, des Friedens und der Gerechtigkeit in der Welt» bezeichnet. Infolge dieser klaren Haltung zum Schutz der Menschenrechte, erwartet die Staatengemeinschaft, dass die Bundesrepublik eine aktive Menschenrechtspolitik betreibt, um den Schutz der Menschenrechte auch in anderen Staaten sicherzustellen.[17]

Erst im Jahr 1973 traten die Bundesrepublik Deutschland (BRD) und die Deutsche Demokratische Republik (DDR) als 133. und 134. Mitglieder den Vereinten Nationen bei. Während der Phase der «Nicht-Mitgliedschaft» konnte sich die Bundesrepublik nur beschränkt an der Menschenrechtspolitik der Vereinten Nationen beteiligen. Durch die Mitgliedschaft eröffnete sich schliesslich die Möglichkeit, in sämtlichen für den Menschenrechtsschutz relevanten Gremien mitzuwirken.[18]

Aufgrund dessen ist die Bundesrepublik seit 1973 ebenfalls Mitglied in der Menschenrechtskommission (MRK). Seitdem führte

---

[16] Vgl. MAULL, S. 201.
[17] Vgl. TOMUSCHAT, S. 172.
[18] Vgl. KINKEL, S. 34.

6

sie bereits im Vorfeld der jährlichen Tagungen, Konsultationen mit ausgewählten Staaten, zu besonders strittigen Menschenrechtfragen, durch. Im Rahmen dieser vertraulichen Dialoge soll festgestellt werden, in welchem Umfang Kompromisse und möglicherweise sogar Lösungsansätze im Konsens erzielt werden können. Diese Vorgehensweise verdeutlicht die kooperative Strategie der Bundesrepublik zum Schutz der Menschenrechte.[19]

Ebenfalls hat die Bundesrepublik aktiv an der Errichtung des Amtes des Hochkommissars für Menschenrechte (UNHCHR) mitgewirkt. Auf Empfehlung der Wiener Weltkonferenz über Menschenrechte, wurde anschliessend an der 48. UN-Generalversammlung dessen Errichtung beschlossen.[20] Jedoch war anfänglich die Mehrheit der UN-Mitglieder gegen die Einrichtung eines solchen Amtes, da sie befürchteten, ein solcher Hochkommissar würde als «Generalanwalt der Vereinten Nationen» einzelne Staaten wegen Menschenrechtsverletzungen anklagen. Doch diese Vorbehalte konnten, dank der Initiative Deutschlands und Frankreichs, ausgeräumt werden. Insbesondere zu erwähnen ist, dass sich die deutsche Delegation während der Verhandlungen besonders stark dafür einsetzte, der Dritten Welt die Bedenken im Zusammenhang mit dieser Institution zu zerstreuen.[21]

Festzuhalten ist, dass die Bundesrepublik sowohl in der Menschenrechtskommission als auch in der UN-Generalversammlung ihre Mitgliedschaft intensiv in Anspruch genommen hat, um die globale Menschenrechtspolitik aktiv zu verbessern und damit den Weltfrieden zu wahren.

---

[19] Vgl. SCHAEFER, S. 60.
[20] Resolution der UN-Generalversammlung, A/RES/48/141 vom 20.12.1993
[21] Vgl. ANDREAE, S. 58–59.

3.3 Friedensoperationen

Grundsätzlich kann jeder UN-Mitgliedstaat mit finanziellen Beiträgen oder der Bereitstellung von Material und Personal, die friedenssichernden und friedenserhaltenden Massnahmen der Vereinten Nationen fördern. Da der Bedarf an Friedensoperationen jedoch nicht vorhersehbar ist, wird der Haushalt für jede Friedensoperation erst nach Verabschiedung der entsprechenden Resolution des UN-Sicherheitsrats ermittelt und von der UN-Generalversammlung festgelegt.[22]

Entsprechend dieser Veranlagung beteiligt sich jeder UN-Mitgliedstaat am ordentlichen Haushalt für die Friedensoperationen. Weil ärmere Staaten jedoch wenig beitragen, wird diese Differenz durch die ständigen Mitglieder des UN-Sicherheitsrats ausgeglichen.[23]

Zwischen den Jahren 1991 und 1993 wurden 15 neue Friedensoperationen beschlossen, was zu einem massiven Anstieg der finanziellen Belastung führte. Wurden im Jahre 1991 insgesamt 379 Millionen USD ausgegeben, so waren es 1994 gesamthaft 3.5 Milliarden USD für Friedensoperationen. Der Anteil der Bundesrepublik stieg im gleichen Zeitraum von 86.24 Millionen USD im Jahr 1991 auf 274.78 Millionen USD im Jahr 1994.[24]

Doch diese Beitragszahlungen decken oft nur einen Teil der realen Kosten einer Friedensoperation. Für die Bereitstellung von Personal, Material und Logistik kommen in der Praxis die wohlhabenderen Staaten (inkl. Deutschland) vollumfänglich dafür auf.[25]

---

[22] Vgl. HÜFNER, S. 111.
[23] Vgl. HÜFNER, S. 123.
[24] DGVN, S. 61.
[25] Vgl. HÜFNER, S. 125.

Ein besonderes Bekenntnis zu den Friedensoperationen der Vereinten Nationen, wird durch die Bereitstellung von personellen Ressourcen bewirkt. Die Bundesrepublik beteiligte sich bis 1989 lediglich an zwei Friedensoperationen, einerseits mit der Bereitstellung von Transportdiensten durch die Bundeswehr, andererseits durch Sachleistungen. Im UNEF II-Einsatz, der den Waffenstillstand zwischen Ägypten und Israel sicherstellen sollte, stellte die Bundeswehr den Vereinten Nationen Lufttransportkapazitäten zur Verfügung, mit Hilfe derer das ghanaische und das senegalesische Truppenkontingent nach Kairo geflogen wurde.[26]

Einen weiteren Beitrag leistete die Bundesrepublik beim UNIFIL-Einsatz im Südlibanon. Erneut stellte sie den Vereinten Nationen ihre Lufttransportkapazitäten zu Verfügung, damit das norwegische Kontingent in das Einsatzgebiet geflogen werden konnte. Ausserdem stellte sie dem nepalesischen Truppenkontingent militärische Ausrüstung zu Verfügung.[27] Neben der Beteiligung an diesen beiden Friedensoperationen, finanzierte die Bundesrepublik seit 1967, als grösster freiwilliger Gelbgeber, ebenso die UNFICYP-Mission in Zypern.[28]

Von Beginn an lehnte die Bundesrepublik ihre Beteiligung mit Soldaten an sämtlichen UN-Missionen ab. Nach damaliger Auffassung, wäre eine solche Beteiligung mit dem Grundgesetz unvereinbar, obwohl Deutschland auf der Grundlage von Art. 24 Abs. 2 GG der UN, als ein System gegenseitiger kollektiver Sicherheit ohne Vorbehalte, beigetreten war. Dies führte dazu, dass sich Deutschland umfangreich mit Material, logistischen Kapazitäten und finanzieller Unterstützung an Friedensoperationen beteiligte, jedoch nicht mit Soldaten.[29]

---

[26] Vgl. SCHMIDT & WASUM-REINER, S. 89.
[27] Vgl. SCHMIDT & WASUM-REINER, S. 90.
[28] FLECK, S. 161.
[29] Vgl. ANDREAE, S. 71–72.

Der erste Bundeswehreinsatz im Rahmen einer Friedensoperation der Vereinten Nationen erfolgte im Jahre 1991 in der UNAMIC und UTAC-Mission in Kambodscha. Bei diesem Einsatz entsandte die Bundesrepublik rund 150 Sanitätssoldaten sowie 74 Beamte des Bundesgrenzschutzes als Polizeibeobachter.[30] Gleichwohl war die UNOSOM-Mission in Somalia im Jahre 1992, der erste Grosseinsatz der Bundeswehr bei einer UN-Friedensoperation, bei dem sie rund 2'400 Soldaten zur Verfügung stellte.[31]

Insgesamt beteiligte sich die Bundesrepublik in den Jahren von 1989 bis 1993 mit gesamthaft 3'600 Soldaten sowie einigen Beamten des Bundesgrenzschutzes an mehreren UN-Friedensoperationen. Zudem stellte sie freiwillig Material und Logistik im Wert von mehreren Millionen USD bereit. Im Vergleich zu den vorherigen Jahren, stellte dies aus Sicht der Bundesregierung einen enormen qualitativen und quantitativen Anstieg des Beitrags für Friedensoperationen der Vereinigten Nationen dar.[32]

Ungeachtet der damals noch ungeklärten Rechtslage zur Entsendung deutscher Soldaten zu UN-Friedensmissionen, erklärte die Bundesrepublik dennoch im Juni 1993, ständiges Mitglied im UN-Sicherheitsrat werden zu wollen. Gleichwohl die zukünftige Beteiligung an UN-Friedensoperationen damit noch unsicher war, überzeugte die Bundesrepublik durch ihr verstärktes personelles und finanzielles Engagement bis zu diesem Zeitpunkt. Durch ihre erhöhte Beteiligung an Friedensoperationen war auch gleichzeitig ihr Interesse gestiegen, in sämtlichen Gremien vertreten zu sein, in denen über die Mandate der UN-Friedensoperationen verhandelt wird.[33]

---

[30] Vgl. SCHMIDT & WASUM-REINER, S. 91.
[31] LÜDER, S. 115.
[32] Vgl. ANDREAE, S. 74.
[33] Vgl. ANDREAE, S. 75.

4 Fazit

Primär wurde untersucht, ob die Bundesrepublik Deutschland Potenzial für einen ständigen Sitz im UN-Sicherheitsrat besitzt. Festzuhalten bleibt, dass die gegenwärtige Konstellation des UN-Sicherheitsrats die weltpolitischen Realitäten nicht mehr wiederspiegelt. Eine Änderung oder Anpassung der Sitze im UN-Sicherheitsrat bedarf einer grundlegenden Änderung der UN-Charta. Dennoch sind die Hürden einer Änderung gemäss Art. 108 der UN-Charta dermassen hoch, dass eine solche Modifikation in der Praxis nahezu unmöglich ist.

Ausserdem wurde festgestellt, dass der Bundesrepublik Deutschland als drittgrösster Beitragszahler der Vereinten Nationen derzeit keine angemessenen Gestaltungsmöglichkeiten im UN-Sicherheitsrat zukommen. Im Bereich der Friedenssicherung wurde aufgezeigt, dass die Bunderepublik während ihrer Zeit als nichtständiges Mitglied im UN-Sicherheitsrat durch ihre kooperative Vermittlungsdiplomatie massgebend zur internationalen Konfliktbewältigung beigetragen hat.

Ebenso im Bereich der Menschenrechte nutzte die Bundesrepublik ihre Mitgliedschaft intensiv, um mit ihrer in der UN-Generalversammlung sowie in der ehemaligen Menschenrechtskommission betriebenen Menschenrechtspolitik den Weltfrieden zu wahren.

Anschliessend wurde das Potenzial der Bundesrepublik im Bereich der Friedensoperationen analysiert. Diese Analyse ergab, dass obwohl die Rechtslage zur Entsendung deutscher Soldaten im Zeitpunkt der Erklärung Deutschlands, ständiges Mitglied im UN-Sicherheitsrat sein zu wollen, ungeklärt war, sich die Bundesrepublik dennoch bereits im Vorfeld durch freiwilliges Bereitstellen von Material und Logistik im Wert von mehreren Millionen USD und durch ihr gesteigertes personelles und finanzielles Engagement in diesem Bereich einsetzte.

Unter Berücksichtigung sämtlicher Tatsachen, ist die Schlussfolgerung zulässig, dass die Bundesrepublik Deutschland durchaus das Potenzial besitzt, als ständiges Mitglied im UN-Sicherheitsrat für die «Wahrung des Weltfriedens und der internationalen Sicherheit» zu sorgen. Ergänzend hinzuzufügen bleibt, dass bei einer allfälligen Reform des UN-Sicherheitsrats Staaten wie Brasilien oder Indien ebenfalls das Potenzial hätten, einen ständigen Sitz im UN-Sicherheitsrat zu erlangen. Dennoch sollte berücksichtig werden, dass bei einer grossen Anzahl von Veto-Staaten die Gefahr besteht, den UN-Sicherheitsrat vollständig zu lähmen.

BEI GRIN MACHT SICH IHR WISSEN BEZAHLT

- Wir veröffentlichen Ihre Hausarbeit, Bachelor- und Masterarbeit

- Ihr eigenes eBook und Buch - weltweit in allen wichtigen Shops

- Verdienen Sie an jedem Verkauf

Jetzt bei www.GRIN.com hochladen und kostenlos publizieren